AF357847

COLLECTION CH. B***

TABLEAUX
MODERNES
MARBRES ET BRONZES

EXPOSITION

Le Dimanche 21 Avril 1861, de une heure à cinq heures.

VENTE

Le Lundi 22 Avril 1861, à 2 heures 1/2 précises.

Commissaire-Priseur

M° Eugène ESCRIBE,
rue Saint-Honoré, 147.

Expert

M. Francis PETIT
rue de Provence, 43.

RENOU & MAULDE

IMPRIMEURS DE LA COMPAGNIE DES COMMISSAIRES-PRISEURS

Rue de Rivoli, n° 144.

CATALOGUE

DE LA

PRÉCIEUSE COLLECTION

DE

TABLEAUX

MODERNES

MARBRES ET BRONZES

De M. CH. B***

DONT LA VENTE AURA LIEU

HOTEL DROUOT, SALLE N° 5

Le Lundi 22 Avril 1861,

A 2 HEURES 1,2 PRÉCISES

Mᵉ **ESCRIBE**, Commissaire-Priseur, rue Saint-Honoré, 217,
M. **FRANCIS PETIT**, Expert, rue de Provence, 43

EXPOSITION

Le Dimanche 21 Avril 1861, de 1 heure à 5 heures.

1861

CONDITIONS DE LA VENTE

Elle sera faite au comptant.

Les Acquéreurs paieront, en sus des adjudications, CINQ POUR CENT, applicables aux frais.

DÉSIGNATION

DES

TABLEAUX

BARON

1 — La Déclaration.

H. 30 c. L. 25 c.

BESCHEY (J.)

2 — Sujet mythologique.

H. 34 c. L. 26 c.

ROSA BONHEUR

3 — La Fanaison.

H. 45 c. L. 54 c.

CABAT

4 — Habitation de paysans sur le bord d'un chemin.

H. 38 c. L. 60 c.

CABAT

5 — Le Lac Narni.

H. 68 c. L. 104 c.

COROT

6 — Le Soir, paysage d'Italie.

H. 31 c. L. 60 c.

COURBET

7 — Biche forcée. Effet de neige. (Jura).

H. 90 c. L. 147 c.

COUTURE

8 — Farniente.

H. 31 c. L. 40 c.

COUTURE

9 — Un heureux.

H. 24 c. L. 18 c.

DECAMPS

10 — Josué arrêtant le soleil.

13. Et le soleil et la lune s'arrêtèrent, jusqu'à ce ce que le peuple se fût vengé de ses ennemis.

Livre de Josué, chap. x.)

Composition d'une grande importance.

H. 95 c. L. 180 c.

DECAMPS

11 — Café turc.

H. 28 c. L. 23. c.

DECAMPS

12 — Petit vagabond.

H. 24 c. L. 19 c.

DE DREUX (ALFRED)

13 — Amazone sur un cheval blanc.

H. 46 c. L. 32 c.

DELACROIX (EUGÈNE)

14 — Scène tirée du Gœtz de Berlichingen.

H. 73 c. L. 60 c.

DELACROIX (EUGÈNE)

15 — Chasse au tigre.

H. 74 c. L. 92 c.

DEMARNE

16 — Foire de village.

Composition très-importante, peinte en 1789, pour
M. le comte de Harpp.

H. 55 c. L. 81 c.

DIAZ

17 – La Vénus chasseresse.

Composition importante.

H. 67 c. L. 42 c.

DIAZ

18 — Paysage, soleil couchant.

H. 37 c. L. 54 c.

DUPRÉ (JULES)

19 — Paysage, animaux buvant à une mare.

H. 30 c. L. 36 c.

FRÈRE (ÉDOUARD)

20 — Jeunes enfants jouant avec une pie.

Composition de cinq figures.

H. 41 c. L. 32 c

GÉRICAULT (d'après PRUD'HON)

21 — La Justice divine poursuivant le crime.

H. 37 c. L. 45 c.

GÉROME

22 — Fontaine à Rome.

H. 36 c. L. 25 c.

GREUZE

23 — Jeune Fille poursuivie par l'Amour.

H. 55 c. L. 45 c.

GUARDI

24 — Deux vues de Venise.

H. 19 c. L. 26 c.

GUILLEMIN

25 — Le Début du modèle.

H. 80 c. L. 65 c.

HOQUET

26 — Intérieur d'écurie.

H. 18 c. L. 20 c.

ISABEY (EUGÈNE)

27 — Promenade sur la plage.

Composition de huit à dix figures.

Costumes de l'époque de Louis XIII.

H. 49 c. D. 67 c.

ISABEY (EUGÈNE)

28 — Marine.

H. 35 c. L. 51 c.

JACQUE

29 — Les derniers instants.

H. 11 c. L. 14 c.

LANCRET (Attribué à)

30 -- Repos dans un parc.

H. 00 c. L. 00 c.

LONGUET

31 — Les Adieux.

H. 72 c. L. 59 c.

MARILHAT

32 — La Nécropole du Caire.

Composition très-importante.

H. 85 c. L. 132 c.

MEISSONIER

33 — Les Joueurs d'échecs.

Sépia rehaussée.

H. 22 c. L. 17 c.

PETTEN KOFEN

34 — Enclos de ferme en Hongrie.

H. 23 c. L. 33 c.

LÉOPOLD ROBERT

35 — Les Religieuses.

H. 62 c. L. 49 c.

ROBERT FLEURY

36 — Michel-Ange et Vasari visitant le Titien.

H. 83 c. L. 101 c.

ROBERT FLEURY

37 — Bethsabée au bain.

H. 50 c. L. 42 c.

ROQUEPLAN

38 — La Promenade au parc.

H. 40 c. L. 31 c.

ROUSSEAU (PHILIPPE)

39 — Les deux Pigeons.

Fable de La Fontaine.

H. 47 c. L. 38 c.

ROUSSEAU (THÉODORE)

40 — Le Marais, paysage.

H. 37 c. L. 54 c.

SCHEFFER ARY

41 — La Déclaration.

H. 45 c. L. 35 c.

SWEBACK

42 — Un Camp.

H. 31 c. L. 41 c.

TROYON

4,550 [handwritten]

43 — Animaux traversant une mare. *(très beau)* [handwritten annotation]

H. 49 c. L. 70 c.

TROYON

(beau) [handwritten annotation]

1,810 [handwritten]

44 — Pâturage au bord de la mer.

H. 40 c. L. 56 c.

ZIEM

2,050 [handwritten]

45 — Le grand Canal de Venise. *acheté par M. Feuillet père* [handwritten annotation]

H. 53 c. L. 79 c.

ZIEM

3,830 [handwritten]

46 — Damanhour.

Des buffles traversent le Nil au soleil couchant.

H. 77 c. L. 143 c

ZIEM

1,000 [handwritten]

47 — Moulin.

Effet d'hiver.

H. 84 c. L. 113 c.

MARBRES

48 — La Vénus à la colombe de FALCONNET.

49 — Nymphe couchée, par ÉVRARD.

50 — Andromède, par ÉVRARD.

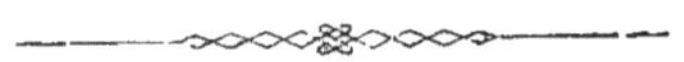

BRONZES

51 — Deux groupes, d'après CLODION.

RENOU et MAULDE, imprimeurs de la Compagnie des Commissaires-Priseurs, rue de Rivoli, 144.   2162

www.ingramcontent.com/pod-product-compliance
Lightning Source LLC
LaVergne TN
LVHW010852180726
843502LV00010B/3850